Kampf Mut Wille Disziplin (mein Vater, 1 Jahr nach seinem irdischen Tod)

Wasserche Futterche Tätigkeiten (meine Katze Molly, 1 oder 2 Tage später nach ihrem irdischen Tod)

Denk net soo viiiel (mein Leibarzt Dr. N., R.I.P.)

Reinheit Gelassenheit Gesundheit (der Autor)

Mein starker Geist (der Autor)

MEIN ABSCHIED ALS AUTOR 2017 - 2022

WERBUNG FÜR ALLE

VON GERD STEINKOENIG

Mein Abschied als Autor Gerd Steinkoenig (mit diversen Pseudonymen)!! Ja, ich weiß, mein "letztes Buch" als Running Gag... Diesmal schon!!

Ich hatte 3 Teile bei Blood On The Rooftops (2017), hatte 3 Teile bei Danach (2019), und eben nun 3 Teile bei "Buch 0"...

Gleich kommen meine "7 besten Bücher" von mir als Autor! Je 2 Fotos mit Titel und Klappentext: durch die 7 Klappentexte lernt Ihr mich kennen mit Chronologie, Musik, "Break" 2017, Katzemääädsche Molly etc...

MEIN BESTES UND SCHÖNSTES BUCH FÜR EUCH

Erweiterte Auflage!!

Gerd Steinkoenig

Gerd Steinkoenig, Ur-Pfälzer, Bj 1959, schrieb sein
definitiv letztes Buch! Really... Sein 34. ISBN-Buch!
IHR WOLLT MICH KENNENLERNEN? LEST
MICH BITTE HIER!
Mit einer erweiterten Ausgabe von Buch 33!

Mit vielen Fotos von meiner Katze Molly (2005-2021),
Musik (inkl. Genesis, All-Time-Poll), Putins Krieg,
Mrs Z and Me, A Day In The Life-Prosa, Momentum
2018, Zustand 10.04.22, Individualität, Fotos von
CDs/DVDs/Videos, Fotos aus einer alten Zeit, Das
Haus und die Zeit, meine TV-Serien in 3 Teilen,
Monnem etc...

C P 11. April 2022 Gerd Steinkoenig

36 ISBN-BÜCHER UND MEHR VON GERD STEINKOENIG

The Life of Gerd

Beatrice Farber, Michelle Connery

Buch 0... Nach den 36 ISBN-Büchern (und mehr) von
Gerd Steinkoenig, haben Beatrice Farber (eine
Zeitläuferin aus dem Weltall) und Michelle Connery
(die Seele von Gerd Steinkoenig) eine Unterhaltung
über Gerds Leben und Bücher!
INHALT: Prolog / Vorstellung von Beatrice und
Michelle / Immer Zeit mit Gerd / 2017: das erste Buch
vom Januar 2017 "Blood On The Rooftops" / No-isbn-
Bücher von 2018 (die "nature stoned"-Bücher) nach
den Schlaganfall-Kliniken / A Day In The Life - 4
ISBN-Bücher aus 2017, 2019, 2 x 2022 / Epilog.
Und immer wieder Dialoge zwischen Beatrice und
Michelle über Gerd...

C P 11.06. und 12.06. 2022 Gerd Steinkoenig

5

Gerd Steinkoenig, Bj 1959, mit seinem 23. ISBN-Buch! Das große Thema lautet ROCK- UND POPMUSIK!! Inspirationen von Nik Cohn und Suzi Quatro, viele Fotos von Musik (CDs, Printmedien...) oder "Plattencovers" (Diva Molly, Landschaft...), Story of Rock 1955 - 1992, die vergessenen Songs, die uniformierten Songs, mein absoluter Lieblingssong, die meistverkauften Musikalben!! Viel Spaaaaß!!

It´s A Beautiful Day (U 2)

DIE STORY VON POPULÄRER MUSIK

Rock, Pop, Progrock,
Hardrock, Disco, Blues...

Gerd Steinkoenig

Hallo, ich bin Gerd Steinkoenig, und schreibe mein
35. ISBN-Buch!
Credo des Autors: diese 35 Bücher sind EIN Buch!!

Im 4. Hardcover-Buch geht es um die New World
Order, Prosaen wie "Die Reise", Fotos mit vielen CDs
vom Autor, Zeiten mit Verschiebungen oder Geistern,
und Molly ist auch wieder da!

Der Autor hatte seit 2017 Bücher wie Blood On The
Rooftops, Liebe ist alles, Danach, Fühlen, Die Story
von populärer Musik, Mein bestes und schönstes
Buch für Euch (2 Versionen) etc...

02. Mai 2022

ZEIT IST LOS

Die Reise mit NWO,
Musik, Prosaen, Fotos...

Gerd Steinkoenig

HELLO (Shakespears Sister)

Major Tom hörte die "British Greats" von K-Tel mit den Walker Brothers, Dave Clark Five, The Mindbenders, Manfred Mann u.a., sinnierte dabei, was für´s Space-Tape der beste Beach Boys-Song wäre, Good Vibrations oder God Only Knows und erfuhr via facebook, das sein Kumpel Gerd endlich ein Buch über Musik und Mehr (z.B. über das Leben) veröffentlichen wird.

Hatte Gerd, alias Magic Fly, alias Zeitensammler, endlich sein Büchlein geschrieben. Da beschloss David Bowie ääh Major Tom für seine nächste Reise ins All den Soundtrack der Seiten mitzunehmen, die Klänge von Pink Floyd und Led Zeppelin, Genesis und Miles Davis, The Beatles und Kate Bush, Udo Lindenberg und Deep Purple, Rihanna und Casper, Neil Young und U 2, Adele und Söhne Mannheims, Earth Wind & Fire und Guns n Roses..... Und er entschied: God Only Knows ist der Beach Boys-Song fürs All....

Dark and grey, an English film, the Wednesday play
We always watch the Queen on Christmas Day
Won't you stay?
(die ersten Zeilen vom Buchtitel-Song "Blood On The Rooftops", Genesis 1976)

11

Gerd Steinkoenig

DANACH

Sie läuft barfuß federnd über den Wald

Don't look back

Nie mehr Sommerabend

Nie mehr freunde

Nie mehr Spaß

Die Insel fl?ht erbarmungslose

Lebensalben und Lebensnotizen

Gerd Steinkoenig, Bj 1959, Autor von 7 Büchern (2017) mit u.a. "Blood On The Rooftops", "Liebe ist alles " etc. Es ist ein Momentum 2019 mit Vergangenheit - DAVOR und DANACH. Mit Klinik-Momentums 2017, Gedanken-Momentums 2018, Lieblingsprosa "Lebenssonne" und meine Lebens-Musikalben und fb-Notizen 2019, plus Fotos zum Lesen (Worte oder Bilder)...

C Herstellung und Verlag : Books on Demand, Norderstedt
ISBN: 9783741292439

Danach den Büchern nun die 80 Bilder in SchwarzWeiß

Fotos: Gerd Steinkoenig, Titelbild: Stefan Renner

80 Fotos aus meinem Leben aus diversen Facetten... Diverse Oasen und Momentums von Annweiler am Trifels, Landau, Birkweiler, Elternhaus, K-Town, facebook, CDs, mein Katzenmädchen Molly etc.

Nach meinen 26 ISBN-Büchern und weiteren no-isbn-Büchern nun dieses Bilderbuch in SchwarzWeiß! Viele weitere Fotos bei diesen Büchern, die hier nicht da sind. Oder weitere Bücher hier und auch bei den Büchern...

Mit Molly (wo sie ins Licht erstaunt geht), mein Lieblingsbaum in Annweiler, Baumkreaturen in Klingenmünster, Weinreben in Birkweiler, "Eisrad" in Annweiler, Herbstlaub auf dem K-Town-Bürgersteig, Genesis, Pink Floyd, Shining etc...

"Die Story von populärer Musik" ist mein Bestseller - ca 40 Bücher verkauft... Im September 2021 waren sofort 34 Bücher verkauft zu diesem Musikbuch... Gemach, ich weiß, nuur 40 Bücher... Trortdem: "Danach" (siehe zum "36 Bücher..."-Klappentext) hatte ich mehr und öfter Marge als "Davor"! Ich hatte mehr social networks, Werbung und vor allem mein Ziel zum Verkaufen. "Davor" war ich nach meinem 1. Buch eingeschnappt - nur 1 oder 2 Stück... Hatte noch keine 100prozentige Ahnung vom Books On Demand-Ablauf... Danach dann schon - z.B. mehr Liebe auf die Klappentexte...

ALLE Bücher von mir = EIN Buch!!!!!!!! Es ist EIN Lebensroman, Tagebuch, Fotoserien, Chronologien, Momentums, Musik, TV-Serien, Politik etc etc...

DAS BIN ICH, DER AUTOR (Juli 2022)

The Neverending Story... - des Autors Worte...

Gerd Steinkoenig hat eine Erinnerung geteilt.

Gestern um 14:15 ·

Mit Deine Freunde geteilt

Schon 2010 hieß es Good Old RockMusic... Meine älteste fb-Gruppe since 2010!!

Vor 12 Jahren

Deine Erinnerungen anzeigen

Gerd Steinkoenig

22. Juli 2010 ·

Mit Öffentlich geteilt

TIPP: Die Songs der 70er im ROLLING STONE 8/10 ab Seite 73! Von Suppers Ready (Genesis) bis Kashmir (Led Zeppelin) oder London Calling (The Clash)! MEHR 70er Musik in meiner GRUPPE: LiebhaberInnen von 70er Rockpop-Musik.

Gerd Steinkoenig hat eine Erinnerung geteilt.

Gestern um 14:12 ·

Mit Deine Freunde geteilt

Mein 6. Buch 2017...

Vor 5 Jahren

Deine Erinnerungen anzeigen

Gerd Steinkoenig

22. Juli 2017 ·

Noch ein bisschen gefeilt... Es soll doch gut werden... LIEBE IST ALLES... Mein 6. und letztes Werk.... Das letzte Mosaiksteinchen... Die 6 Bücher sind EIN BUCH... LIEBE IST ALLES - EINE MAGICAL MYSTERY TOUR... COMING SOON IN CA 8 - 10 Wochen!!!

------Anmerkung: mein Running Gag... Schon 2017... "Letztes Buch"...-----

Zeitreise 1973...

Hab bei ONE "Die Straßen von San Francisko" gesehen. Früher in den 70ern hab ich die Serie natürlich gesehen (neben Kojak, Columbo). Als wärs nur vor einer Sekunde: San Francisco 1973, Straßenkreuzer (war damals in den USA normal), die Gestiken von Michael Douglas und Karl Malden, Telefonwählscheibe, die typischen US-Krimiserien aus den 1970ern... Ein paar Fans, Nerds oder Idioten kennen diese Serie - aber 95 % der Leute kennen das nicht! Mein Zeit-Running Gag (wie auch bei Musik) meint wieder: die Leute lachen und streamen oberflächliche Schnellschussserien (Netflix, Prime etc) und in 20 oder 30 Jahren kennt kein Mensch mehr von den Zeitgeistern aus den 1970er Jahren! Übrigens: bei fb war eine Werbung von den Top 3-Verkaufsalben und ich kommentierte: "2022 ist keine Musik - es ist nur Wegwerfware." Reaktion: 8 Lachen-Likes...

Gerd Steinkoenig

21. Juli um 12:09 ·

Die 10 besten Songs von Genesis von Eurem Gerd

1. Supper's Ready (1972)

2. Firfth of Fifth (1973)

3. Dukes Travels/Dukes End (1980)

4. Blood On The Rooftops (1976)

5. Mad Man Moon (1976)

6. The Lamia (1974)

7. Afterglow (1976)

8. Carpet Crawlers (1974)

9. The Musical Box (1971)

10. Burning Rope (1978)

Ihr vermisst Mama, Land of Confusion oder I Can't Dance? Ich hab nur gute Songs...

Ich war und bin immer ein Mediafreak und Historiker! Mittlerweile spinnen die Medien: sofort Extra, Special etc... - zuerst ewig Covid 19, dann UkraineKrieg, jetzt Hitzewelle... Es ist ganz einfach SOMMER!!!! In den 60ern und 70ern war Sommer mit 35 oder 38 Grad NORMAL!! Laut nach Obelix: die spinnen die Medien

Zeitreise 1972... Vorhin war Dokumentation über die Olympische Spiele von München 1972! Heitere Spiele mit Weltoffenheit - dann kam der 5. September... Terrortage im Olympischen Dorf, Fürstenfeldbruck... Die PLO ermordeten israelische Sportler! Alle Gefühle in München 1972: heiter, lachend, partymäßig und dann Terror, Mord, Teufelsfratze! Ich weiß noch am Schulmorgen am 6. September: wir hatten Sport und der Lehrer meinte: kommt alle in die Kabine - Fernseher, Terror, mein Mund offen, mein Hirn verwirrt... Ich erinnere mich natürlich die legendären Sportler, bei mir ist das im Hirn immer noch eingebrannt: der Hand/Wind-Trick von Heide Rosenthal beim Weitsprung, die Speerwurf-Sensation von Klaus Wolfermann, die Hochsprung-Legende Ulrike Meyfarth, der München 1972-Superstar Mark Spitz (Schwimmen, USA), die München 1972-Superstarin Olga Korbut (Turnen, UdSSR)... Und natürlich der Zeitgeist: lange Haare, breite Koteletten, lach... Ach ja: eine gewisse Silvia war Olympia-Hostess und verliebte sich mit dem schwedischen Typen - sie hieß dann Königin Silvia von Schweden... Es war so geil bei den Olympischen Spielen 1972 - aber dann kam der 5. September!!

C P 23. Juli 2022 Gerd Steinkoenig Gerd F Steinkoenig Gerd Gerd

Mit Deine Freunde, Gerds Freunde und Gerds Freunde geteilt

Freunde

DER TRAUM IST AUS, hatten Anfang der 1970er Jahre die Politrock-Band Ton Steine Scherben gesungen! Aber wenn ihr wüsstet (wie der längst verstorbene Rio Reiser von TSS), was heutzutage ist.... Damals war eine positive, politische, gesellschaftliche, freiheitliche, individuelle Ideologie!! Ich durfte es erleben in den 1970ern, 1980ern! Da wurden wir befreit von Willy Brandt, Selbstbestimmung der Arbeitnehmer, gute Relationen zwischen Löhne und Preise, künstlerische Freiheiten mit Experimenten, sexuelle Freiheiten etc.! Nun sind wir aber im Jahre 2022 wie in den Jahren 1950 oder 1961: stromlinienförmige Staatsmainstream, Sklaven und Roboter bei Arbeitnehmer, verkrampfte Gesellschaft, nichts öffentlich sagen wegen political correctness und Woke - sonst ist der Job weg, Hexenjagd bei bestimmten Meinungen oder Tätigkeiten und Berufsverbot (zB Will Smith), die Menschheit stirbt aus - durch p.c. und Woke können Männer und Frauen (und natürlich Diverse) nicht mehr xxxx, sonst ist gleich wieder Prozess/Hexenjagd/Berufsverbot... 1977 oder 1985 hatte ich von der Menschheit positiv gedacht mit Aufbruch und Zukunft! Aber wer hätte das gedacht? Durch den 2022-Zeitgeist wären Musik und Filme und TV-Serien aus den 60ern, 70ern, 80ern political uncorrectness!! Die Kultur stirbt automatisch aus. Die Individualität der Menschheit - zumindest im "Westen" - stirbt automatisch aus... DER TRAUM IST AUS...

C P 17. Juli 2022 Gerd Steinkoenig Gerd F Steinkoenig Gerd Gerd

Gerd Steinkoenig

1 Std. ·

Mit Deine Freunde geteilt

Freunde

Aus gegebenen Anlass... Hatte heute einen Aufsatz, aber manche hatten nicht geschnallt, was der Inhalt des Songs ist... Mal wieder geschichtsvergessen...

Der Traum ist aus (1972) - Ton Steine Scherben

----Anmerkung----Mein 1. Link bei meinem 1. Buch Januar 2017: dieser Song... "Neverending Story" bei meinem wirklichen 39. und letztes Buch? Klar! Es gibt ja facebook etc...

CATSGAGSPICTS Teil 2 (Teil 1 in Buch 38...)

Katzemäädsche Molly Forever!! Aber es gibt noch ein Kätzchen aus dem Jahr 2014... Leider nur für wenige Wochen... Die Chika! Mein 1. Kätzchen war ca 1992/1993, hach, wir waren Liebe auf den ersten Blick! Wie bei meinem katzenmäädsche Molly!

DER AUTOR ALS FOTOGRAF

2 x Landau in der Pfalz Juli 2015, 2 x Annweiler am Trifels (2018, 2020)

WERBUNG, REKLAME, FÜR MEIN BÜCHERLEBEN MIT 39 ISBN-BÜCHERN plus no-isbn-Büchern!! Mit z.B. Blood On The Rooftops (3 Teile), Liebe ist alles, Music Was My First Love (Farbbildband Musik), Danach (3 Teile), Fühlen, Die Zeitläuferin von Gerd Steinkoenig (Pseudonym Beatrice Farber), Die Story von populärer Musik, Zeit ist los (2 Teile), meine letzten 3 Büchern ("Buch 0") etc etc etc... Seht bei amazon! Da ist alles drin! Oder bei thalia.de, buecher.de, desweiteren... Der Autor Gerd Steinkoenig. geboren Januar 2017, gestorben Juli 2022... Und ich lebe natürlich weiter bei facebook, Instagram, Twitter, tik tok, You Tube...

All You Need Is Love

You´ll Never Walk Alone

Hey Hey My My The Rock n Roll Can Never Die

C P Gerd Steinkoenig 23. Juli 2022

© 2022, Gerd Steinkoenig
Herstellung und Verlag: BoD – Books on Demand, Norderstedt
ISBN: 9783755708537